curiosidad por

EL LAZO POR PAREJAS

POR RACHEL GRACK

AMICUS LEARNING

¿Qué te causa

1

CAPÍTULO UNO

2

CAPÍTULO DOS

curiosidad?

CAPÍTULO TRES 3

Lograr la victoria

Curious About es una publicación de
Amicus Learning, un sello de Amicus
P.O. Box 227, Mankato, MN 56002
www.amicuspublishing.us

Editores: Megan Siewert y Ana Brauer
Diseñadora de la serie: Kathleen Petelinsek
Diseñadora del libro e investigadora
fotográfica: Kathleen Petelinsek

Library of Congress Cataloging-in-Publication Data
Names: Koestler-Grack, Rachel A., 1973- author.
Title: Curiosidad por el lazo por parejas / Rachel Grack.
Other titles: Curious about team roping. Spanish
Description: Mankato, MN : Amicus Learning, 2025. | Series: Curiosidad por el rodeo | Includes index. | Audience: Ages 6–9 | Audience: Grades 2–3 | Summary: "Learn how cowboys and cowgirls (and their horses) compete in team roping rodeo events in this Spanish question-and-answer book for elementary-aged readers. Translated into North American Spanish. Includes infographics, table of contents, glossary, and index"— Provided by publisher.
Identifiers: LCCN 2024022446 (print) | LCCN 2024022447 (ebook) | ISBN 9798892002950 (library binding) | ISBN 9798892003032 (paperback) | ISBN 9798892003117 (ebook)
Subjects: LCSH: Team roping—Juvenile literature.
Classification: LCC GV1834.45.T42 K6418 2025 (print) | LCC GV1834.45.T42 (ebook) | DDC 791.8/4—dc23/eng/20240523
LC record available at https://lccn.loc.gov/2024022446
LC ebook record available at https://lccn.loc.gov/2024022447

Créditos fotográficos: Alamy Stock Photo/Luc Novovitch, 13, 19 (segundo desde abajo, derecha), Xinhua, portada, 1; Dreamstime/Derrick Neill, 2 (izquierda), 8-9, Pierre Jean Durieu, 10-11, 19 (centro); Shutterstock/Jackson Stock Photography, 2 (derecha), 7, 17, 14-15, 19, Macrovector, 16, 22, 23, mark reinstein, 5, YES Market Media, 3, 20-21, Yeti studio, 6

Impreso en China

¿Qué es el lazo por parejas?

Es un deporte de rodeo cronometrado. Un equipo de dos personas a caballo intenta enlazar a un **novillo** que corre. El cabecero lo ata por la cabeza o los cuernos. El talonero atrapa las patas traseras. ¡Ya está! Gana el tiempo más rápido.

¿LO SABÍAS?
El lazo por parejas es el único deporte de rodeo profesional en el que vaqueros y vaqueras compiten entre sí en el mismo evento.

En el lazo por parejas, los enlazadores trabajan juntos para atrapar al novillo.

¿Es difícil enlazar?

¡Muy difícil! Aprender a enlazar requiere práctica. La sincronización del lanzamiento es complicada, sobre todo a caballo. Los enlazadores no tienen tiempo para pensar en montar o dirigir a sus caballos. En lugar de eso, trabajan con sus caballos todos los días. Tienen un excelente **dominio del caballo**. Entrenan a sus caballos para que sigan patrones de carrera y señales corporales.

¿LO SABÍAS?
Los niños pueden competir en lazo de maniquí. Es una forma estupenda de practicar el lazo de forma segura.

Los enlazadores tienen que sincronizar sus lanzamientos a la perfección o podrían perder al novillo.

¿Qué caballos son los mejores para el lazo por parejas?

EQUIPO DE LAZO POR PAREJAS

La mayoría de los enlazadores utilizan caballos Cuarto de Milla americanos. Pueden ser entrenados para ambos trabajos. Los caballos tienen velocidad y potencia. Son rápidos desde el principio. Salen disparados del cajón. Los caballos del talonero pueden realizar giros rápidos y paradas repentinas. Los caballos del cabecero utilizan su constitución poderosa para manejar y sujetar al novillo.

Los jinetes, los caballos y los novillos llevan un equipo especial para protegerse durante el evento.

CAPÍTULO DOS

2

¿Qué ocurre primero?

¿LO SABÍAS?
Los cajones del enlazador están a ambos lados del corral. El cabecero mete su caballo en el cajón de la izquierda. El talonero toma el de la derecha.

Corral

Ambos enlazadores esperan en un cajón. El novillo sale del **corral**. Toma la ventaja. Atraviesa la **cuerda de barrera**. Entonces, el cabecero sale a la arena. El talonero le sigue y **guia** al novillo. El cabecero tira la primera cuerda. Para continuar, debe hacer una captura justa.

Los enlazadores deben dar ventaja al novillo, de lo contrario rompen la barrera.

¿Cuándo lanza el talonero?

El talonero lanza después de que el cabecero haga una captura justa. Necesita atar ambas patas traseras. El cabecero gira al novillo por la cabeza, para que sus patas traseras miren hacia el talonero. Ahora le toca lanzar el talonero. Atrapa ambas patas. Rápidamente envuelve la cuerda alrededor del **cuerno de la montura**.

¿LO SABÍAS?
El acto de enrollar la cuerda alrededor del cuerno de la montura se llama el dally.

El talonero no puede lanzar hasta que el cabecero termine de girar al novillo.

¿LO SABÍAS?

Los cabeceros y los taloneros utilizan diferentes tipos de cuerdas. Las cuerdas de los taloneros son más rígidas para ayudar a agarrar las patas del novillo. Las cuerdas de los cabeceros son más suaves y cortas.

¿Cuándo se para el reloj?

El novillo sigue intentando correr y saltar mientras los enlazadores completan sus lanzamientos.

¡Faltan dos pasos más! Primero, los enlazadores deben estirar al novillo. Hacen retroceder a sus caballos para hacer mas **flojas** la cuerdas. Esto estira las patas del novillo. A continuación, giran sus caballos para enfrentarse. El reloj se para.

¿Le hace daño al novillo?

Es posible. Los buenos enlazadores nunca lastiman a los novillos a propósito. Pero siempre existe la posibilidad de que algo salga mal. Los rodeos tienen reglas para mantener a los animales sanos y salvos. Los concursantes que infringen estas reglas son multados. Muchos rodeos tienen veterinarios en caso de accidente.

CAPTURAS JUSTAS

Agarre de cuerno limpio:
alrededor de ambos cuernos

Agarre de media cabeza:
alrededor del cuello y de un cuerno

Agarre de cuello:
alrededor del cuello

Los novillos suelen llevar envolturas en los cuernos para protegerlos más.

CAPÍTULO TRES

¿Hay reglas?

Por supuesto. Los cabeceros no pueden romper la barrera demasiado pronto. Esto añade 10 segundos al tiempo del equipo. Ambos enlazadores deben realizar una captura limpia. Los equipos son descalificados si el cabecero no realiza una captura justa. Hay una **penalización** de 5 segundos si el talonero sólo ata una pierna. Cada segundo cuenta.

RELOJ DEL ENLAZADORES

COMIENZA EL RELOJ

1

SE ABRE LA PUERTA DEL CORRAL:
COMIENZA EL RELOJ

2

EL NOVILLO CORRE HACIA LA ARENA:
LA CUERDA DEL CUELLO SE TENSA Y SE ROMPE

3

LA CUERDA DE BARRERA CAE:
ENLAZADORES SALEN DEL CAJÓN

4

EL CABECERO HACE UNA CAPTURA JUSTA:
EL TALONERO ATA AMBAS PIERNAS

5

LOS ENLAZADORES TIRAN DE LA CUERDA Y SE ENFRENTAN ENTRE SÍ:
EL RELOJ SE PARA

10 SEGUNDOS

¿Qué es un tiempo ganador?

Los enlazadores por parejas tienen la oportunidad de ganar un gran premio en dinero.

La mayoría de los enlazadores profesionales terminan en menos de 10 segundos. Los mejores lo hacen incluso más rápido. Los tiempos ganadores son a menudo con décimas de segundo de diferencia. El récord mundial es de 3,3 segundos. Ese tiempo será difícil de batir. ¡Agarra una cuerda y empieza a practicar!

¡MANTÉN TU CURIOSIDAD!

HAZ MÁS PREGUNTAS

¿Dónde puedo aprender a enlazar?

¿Se puede enriquecer enlazando?

Prueba una GRAN PREGUNTA: ¿Podría montar y enlazar al mismo tiempo?

BUSCA LAS RESPUESTAS

Busca en el catálogo de la biblioteca o en el internet.
Pueden ayudarte tus padres, un bibliotecario o un maestro.

Uso de las palabras clave
Encuentra la lupa.

Las palabras clave son las palabras más importantes en tu pregunta.

Si quieres saber:

- sobre clases del lazo cerca de ti, escribe: EL LAZO JUVENIL [TU CIUDAD/ESTADO]
- sobre premios del lazo por parejas, escribe: GANANCIAS DEL LAZO POR PAREJAS

GLOSARIO

corral El área que sostiene al novillo.

cuerda de la barrera La cuerda que cuelga en la parte delantera de la barrera del cajón.

cuerno de la montura El mango en la parte delantera de una silla de montar utilizado para atar una cuerda.

dominio del caballo El arte de montar, manejar y entrenar caballos.

floja La parte suelta de una cuerda colgante.

guiar Dirigir la trayectoria de un novillo en carrera.

lazo de maniquí Un evento de lazo que utiliza un novillo falso en lugar de uno vivo.

novillo Ganado macho que no puede reproducirse.

penalización Una marca que cuenta en contra de una puntuación.

ÍNDICE

Sobre la autora

Rachel Grack lleva veinticinco años escribiendo obras de no ficción para niños. Vive en un rancho en el corazón del país del rodeo (sur de Arizona). Algunas tardes, se acerca a ver a sus vecinos en competiciones amistosas de roping. Un restaurante del oeste de la ciudad ofrece semanalmente monta de toros y carreras de carneros. Pero Rachel prefiere pasear tranquilamente a lomos de su dócil caballo Lady.